La Question de la Martinique

LE CAS GÉRAULT-RICHARD

Conflit entre la *Fédération Socialiste de la Martinique* et le Député de la *Guadeloupe*

Prix : 0 fr. 20

Groupe socialiste des Antilles
76, RUE DE BONDY, 76
PARIS (X^e^)

1903

LE CAS GÉRAULT-RICHARD

Dans sa séance du 6 novembre 1902, le groupe socialiste des Antilles, qui est l'éditeur de la brochure sur la QUESTION DE LA MARTINIQUE, *a décidé de faire paraître en même temps une brochure sur* LE CAS DU CITOYEN GÉRAULT-RICHARD. *En conséquence, il a résolu de publier le procès-verbal dont la teneur suit :*

I

LE GROUPE SOCIALISTE DES ANTILLES

(Séance du 6 Novembre 1902)

Le 6 novembre 1902, le groupe socialiste des Antilles s'étant réuni, les citoyens Nelson et Lagrosillière rendent compte de leurs démarches auprès du groupe socialiste parlementaire. Celui-ci a décidé d'envoyer une délégation auprès du Ministre des Colonies.

Le groupe des Antilles s'étonne que, la gravité des événements qui se produisent à la Martinique ayant été constatée par le citoyen Jaurès lui-même, le citoyen Gérault-Richard se soit opposé à ce que même une question fût posée au Ministre des Colonies. « Une interpellation, a-t-il dit, ne sera discutée que dans six mois, vu le grand nombre d'interpellations qui sont à l'ordre du jour de la Chambre ; une question sera sans effet parce que sans sanction. » Pourtant, au mois de juin dernier, le citoyen Gérault-Richard, sur de simples câblogrammes et correspondances émanant de personnalités autres que des socialistes, n'avait pas hésité à poser une question au même M. Doumergue.

Le citoyen Gérault-Richard a, d'autre part, essayé d'empêcher qu'un représentant de la Fédération de la Martinique fût adjoint à la délégation désignée par le groupe parlementaire pour aller conférer avec le Ministre des Colonies. Le député de la Guadeloupe a, pour cela, prétexté que le Ministre ne pouvait être forcé de recevoir un citoyen ne faisant point partie du Parlement.

Un membre du groupe donne lecture d'une lettre du citoyen de Pressensé adressée à un camarade du « Mouvement Socialiste ». Dans cette lettre le citoyen de Pressensé affirme que ni Bouhey-Allex, ni lui, quoique ayant été désignés pour faire partie de la délégation, n'ont été convoqués à l'effet de se rendre au Ministère des Colonies.

Le groupe apprend, avec surprise, que le citoyen Lagrosillière n'a été reçu par le Ministre qu'à 11 h. 1/2, alors que les députés qui devaient présenter, en même temps que notre camarade, les doléances de la Fédération de la Martinique, avaient conféré avec M. Doumergue depuis 10 h. 1/4.

Le citoyen Nelson fait connaître que la lettre qu'il a adressée, au nom du groupe, au secrétaire du groupe socialiste parlementaire pour demander que les délégués de la Fédération de la Martinique fussent appelés à discuter les arguments du Ministre est jusqu'à présent restée sans réponse. Le groupe décide, pour le cas où le groupe parlementaire ne répondrait pas avant huit jours, de lui adresser une lettre recommandée pour prendre acte du silence des élus et dégager sa responsabilité propre, vu la gravité des événements de la Martinique.

Certains membres font savoir qu'il est à leur connaissance que le citoyen Gérault-Richard fait une très active campagne auprès de ses collègues du groupe parlementaire et qu'il leur a représenté que la question de la Martinique est un tissu de ragots de concierge imaginés pour faire échec à sa personnalité et qu'elle n'est que l'expression de dissentiments d'ordre personnel existant entre lui et le citoyen Lagrosillière.

Le groupe constate que les élus du Parti socialiste français se sont laissé tromper par une manœuvre qui avait été vainement tentée par les amis du citoyen Gérault-Richard au Comité Interfédéral. Pourtant à aucun moment, soit au groupe parlementaire, soit au Comité interfédéral, le citoyen Lagrosillière n'a parlé du citoyen Gérault-Richard.

Le groupe estime qu'il y a danger pour les intérêts du prolétariat martiniquais, si gravement lésés à l'heure actuelle, à laisser se perpétuer une pareille équivoque.

D'ailleurs, pour jeter plus sûrement dans l'esprit des militants une confusion regrettable et pour les empêcher de fixer les responsabilités, la *Petite République* n'a pas publié les procès-verbaux des deux dernières séances du Comité interfédéral où la question de la Martinique a été agitée, bien que ces procès-verbaux aient été remis au journal depuis plus d'un mois.

Il y a lieu pour le groupe de démontrer :

1° Que la question Gérault-Richard, pour être venue se greffer sur la question de la Martinique, ne se confond nullement avec celle-ci ;

2° Qu'il y a en réalité un conflit entre la Fédération

de la Martinique et le citoyen Gérault-Richard et non point un différend personnel entre celui-ci et le camarade Lagrosillière.

En conséquence, le Groupe décide à l'unanimité de publier tous les documents relatifs à la question Gérault-Richard. *Il tient à déclarer qu'en prenant cette décision il n'obéit qu'au seul désir de mettre fin à une situation qui porte déjà atteinte aux intérêts des travailleurs de la Martinique.*

II

LETTRE D'EXPLICATIONS

Voici tout d'abord une lettre d'explications qui a été adressée par le Groupe au citoyen Gérault-Richard le 9 octobre et qui est restée sans réponse :

Le Groupe Socialiste des Antilles au Citoyen Gérault-Richard, Député de la Guadeloupe.

Citoyen,

Il existe depuis trop longtemps déjà un différend entre vous, d'une part, et la Fédération socialiste de la Martinique et le Groupe socialiste des Antilles, d'autre part ; des incidents récents, particulièrement l'attitude prise au Comité interfédéral par ceux de vos amis à qui vous aviez donné mandat de voter pour vous, au nom de la Guadeloupe socialiste, sur la question de la Martinique, nous font craindre pour notre commun parti et pour la politique socialiste aux Antilles, que ce différend ne dégénère en un conflit des plus aigus. Dans l'intérêt de notre parti et en souvenir des relations sûres et très cordiales que nous nous efforcions, hier encore, d'entretenir avec vous, nous croyons devoir vous fournir des explications définitives, afin que vous nous en donniez à votre tour, et que nous en arrivions à un modus vivendi pouvant calmer nos justes appréhensions.

D'une façon générale, nous vous reprochons, citoyen, de ne point tenir compte du principe de l'autonomie fédérative, non seulement en ne consultant jamais les représentants autorisés de la Fédération de la Martinique, quand vous croyez devoir vous occuper de cette colonie, mais encore en négligeant leurs avis quand ils jugent utile de vous en exprimer. Vous avez fait plus encore : vous avez adopté une tactique que nous trouvons dangereuse au premier chef, contraire à la tradition socialiste, en contradiction absolue avec l'évolution sociale des Antilles et de nature à tuer à jamais l'idée socialiste dans nos pays. Nous nous garderions bien de contrecarrer cette tactique, quoique la désapprouvant entièrement, si elle n'était relative qu'à la Guadeloupe et que la Fédération socialiste de cette colonie y trouvât son compte, mais, d'autorité, vous l'avez étendue à la Martinique. Vous avez disposé de nous ; vous entendez continuer à disposer de nous, — plus librement encore.

Au mois de mars dernier, le citoyen Lagrosillière, allant à Pointe-à-Pitre pour défendre, devant le tribunal de 1re instance, un certain nombre de camarades, apprit d'un de vos meilleurs amis de Basse Terre que vous lui aviez exprimé des craintes au sujet de votre candidature, à la Guadeloupe, et que vous lui aviez demandé de vous dire, après consultation de certains usiniers, nettement son opinion sur le sort qu'on pourrait vous faire aux élections de mai. Cet ami ajoutait au citoyen Lagrosillière qu'il vous avait écrit pour vous rassurer, que vous pouviez compter sur l'appui de Monsieur Fernand Clerc, conformément d'ailleurs aux promesses que celui-ci vous avait déjà faites. Vous avez été, en effet, rassuré, car, en recevant la communication de cet ami, vous vous êtes empressé d'envoyer un câblogramme au citoyen Légitimus, pour le prier de considérer comme nulle une lettre où vous lui demandiez de renoncer à son projet de poser votre candidature à la Grande-Terre pour vous laisser la liberté de la poser à Aix, où vous étiez sûr du succès. Quelques jours plus tard les usiniers de la Guadeloupe se réunissaient à Pointe-à-Pitre, et sur les instances de Monsieur Fernand Clerc, ils acceptaient de ne pas faire bloc contre vous. Certains même — tel M. Pauvert — se déclaraient disposés à favoriser votre succès.

Le 22 mars, en rade de Saint-Pierre, M. Fernand Clerc, rentrant de la Guadeloupe, apprenait lui-même au citoyen Lagrosillière le résultat de son intervention en votre faveur ; et il lui déclarait qu'il vous avait câblé que votre élection était certaine.

Depuis longtemps vous connaissiez de réputation M. Fernand Clerc. Vous saviez quel rôle abominable il avait joué dans les campagnes de presse menées contre le prolétariat des Antilles, à l'occasion des incendies de Pointe-à-Pitre et de la fusillade du François. Vous saviez particulièrement de quelles infamies il s'était rendu coupable à cette époque, dans une interview du *Matin*, contre « les anarchistes noirs » de la Guadeloupe. Pour être devenu propriétaire de l'usine Beauport — à la Grande-Terre — tout en restant, à la Martinique, le chef de la cohorte nationaliste et négrophobe qui avait fait élire Denis Guibert et Duquesnay, il ne pouvait à vos yeux avoir changé d'opinions ni de tendances. Le soin que vous mettiez d'ailleurs à ne pas interroger, à son sujet, ceux qui pouvaient vous renseigner est l'indice certain que vous saviez à quoi vous en tenir sur le personnage. Au reste, l'interview qu'il publia dans *Le Français* du 28 août dernier vous enlèverait, à cet égard, toute illusion, si jamais vous en aviez eu. Malgré les affirmations républicaines qu'il multiplia à la Martinique aux élections législatives dernières, malgré son alliance avouée avec vous, M. Clerc a eu l'audace de faire des déclarations comme celles-ci :

« Il est parfois pénible, vous me croirez sans peine, pour un directeur d'usine, faisant vivre annuellement cinq mille noirs, plus ou moins paresseux ou volontaires, d'aller plaider un différend d'ouvrier à patron devant un tribunal dont la seule figure blanche est celle du gendarme de service.

« Mon frère, il n'y a pas de cela si longtemps, s'est vu condamner à 2.000 francs d'amende dans je ne sais plus quelle affaire d'arpentage ou de délimitation pour avoir, sans entendre malice, prononcé deux fois le mot « nègre » à la face des juges....

« Que le manœuvre nègre, émancipé par le grand Schœlcher, soit électeur, soit un citoyen libre comme vous et moi, c'est parfait. Je m'en réjouis. Mais comme, en général, ses facultés sont limitées et qu'il ne saurait prétendre devenir usinier, ingénieur ou préfet, qu'il manie donc simplement le coutelas dans les champs de canne, conduise les mules ou tire le lignou, concourant ainsi à son propre bien-être, au lieu de croupir, couvert de lambeaux de toile, dans les cabarets à tafia, s'enlisant dans des discussions oiseuses et pâteuses de politique électorale, jetant la perturbation et le trouble dans une population déjà suffisamment inerte et facilement accessible à tous les *sentiments vils*. C'est en se soumettant à la loi commune que le noir élèvera son esprit et pourra songer à devenir l'égal du blanc.

« Qu'aussi le mulâtre, qui, généralement plus instruit, imbu de sentiments meilleurs (?), a compris les belles idées émises dans la déclaration des droits de l'homme, qu'aussi le mulâtre, vraiment digne de la République égalitaire et de la France de 1789, qu'il aime tant à prôner, ne se montre plus haineux, venimeux, partial, jaloux, etc., etc. »

Ce langage démontre que M. Clerc déteste la race noire au point de ne pouvoir dissimuler cette haine, alors même que ses intérêts politiques lui commandent de la cacher. Il a suffi pourtant qu'il eût fait avec vous le voyage de France à la Guadeloupe, qu'il fût devenu votre ami, pour qu'il pût d'abord essayer de poser votre candidature à la Martinique, en la faisant lancer par le journal *Les Colonies*, pour qu'il pût ensuite patronner votre candidature à la Guadeloupe et obtenir de vous l'engagement que vous soutiendriez la sienne à la Martinique.

Tout prouve, en effet, que vous étiez lié envers M. Clerc.

Il déclara lui-même devant témoins, au citoyen Lagrosillière, le vendredi 2 mai, sur l'appontement des bateaux de la Compagnie Girard, à Fort-de-France, que vous aviez pris des engagements vis-à-vis de lui. D'ailleurs les faits que nous allons exposer, démontrent surabondamment votre alliance avec cet homme et son parti.

Pendant la période électorale qui précéda le premier tour de scrutin, M. Fernand Clerc n'hésitait pas à dire que le citoyen Lagrosillière serait forcé de se désister en sa faveur, car dès le lendemain de la première consultation populaire, notre camarade recevrait de vous un câblogramme lui demandant ce désistement. Le 29 avril, deux jours après le premier tour, ce qui ne pouvait être pour les socialistes qu'un racontar de nature à leur faire hausser les épaules, prenait corps et devenait une réalité. Le câblogramme annoncé arrivait et, en même temps, vous adressiez à M. Clerc lui-même une dépêche pour l'autoriser à demander au citoyen Lagrosillière communication de celle que ce dernier avait reçue de vous. Lagrosillière, d'accord avec les camarades socialistes de la Martinique, refusait cette communication — *pour ne pas vous compromettre* —; et en même temps il vous lançait par le câble anglais ces simples mots qui eussent dû vous faire réfléchir : « Clerc vous trompe ». Malgré le citoyen René Arot, qui vous adressait de Versailles une lettre bien pressante pour essayer de vous faire comprendre toute l'émotion que votre conduite pouvait causer aux Antilles ; malgré le citoyen Nelson, qui, averti par vous de votre projet, vous avait vivement engagé à ne pas l'exécuter, vous adressiez un second câblogramme au citoyen Lagrosillière, où vous affirmiez plus encore votre désir de le voir favoriser l'élection de M. Clerc et, en même temps, vous autorisiez encore M. Clerc à demander à notre ami communication de cette seconde dépêche. Nouveau refus de Lagrosillière ; et nouvelle dépêche où notre camarade, très longuement, vous disait les raisons politiques et sociales qui rendaient impossible son désistement en faveur du chef de la Réaction Martiniquaise. Mais en présence de la volonté bien arrêtée de Lagrosillière de ne point lui faire connaître votre second câblogramme, M. Clerc vous avait demandé de lui en envoyer le texte. Avec beaucoup de complaisance, vous vous exécutiez; et le lundi 5 mai, ce texte était affiché sur tous les murs de la circonscription de Saint-Pierre et publié dans le journal *Les Colonies*, organe de la Réaction.

Nous pensions que vos relations avec les ennemis de la démocratie coloniale s'arrêteraient là. Quelle ne fut pas notre douleur de vous voir, dès le lendemain de la catastrophe de Saint-Pierre, vous appliquer à servir les desseins de M. Clerc et de son parti! Aussitôt que les millions commencèrent à affluer dans la caisse de secours du Pavillon de Flore, le plan de la Réaction capitaliste négrophobe se dessina clairement pour tous ceux qui s'occupent des choses antillaises. Afin de drainer tout l'or de la souscription internationale, il fallait qu'elle détournât les sympathies de la France, des mulâtres et des noirs — c'est-à-dire de la demi-bourgeoisie et du prolétariat. Pour se rendre intéressante, elle devait se représenter comme seule capable de refaire les forces épuisées de notre malheureux pays. On lui ouvrirait non seulement la caisse de secours, mais encore plus largement que jamais celle de la Banque, si elle assurait que le travail pouvait être réorganisé dans la zone volcanique. Mais pour atteindre son but, il était indispensable qu elle se débarrassât de tous ceux qui, dans l'administration locale, pouvaient ne pas servir exclusivement ses intérêts ; or, le hasard avait voulu qu'il y eût pour la première fois, aux Antilles, un noir à la tête de la Banque de la Martinique et qu'en même temps le gouvernement de la colonie fût confié à un homme de couleur. Tout devait être mis en œuvre pour jeter à bas ces deux administrateurs, qui, quoiqu'intérimaires, n'en pouvaient pas moins, semblait-il, porter atteinte aux intérêts « des blancs ». Aussi bien, des câblogrammes multiples étaient lancés qui demandaient au pouvoir central de les remplacer. Avec un zèle qui nous étonna tous, sans avoir reçu aucune plainte de vos camarades socialistes de la Martinique, vous vous empressiez de faire chorus à ces câblogrammes.

La presse américaine et la presse anglaise, pourtant bien connues pour leurs tendances négrophobes et leurs relations avec les réactionnaires antillais, avaient-elles dit, suivant la tradition, que « l'anarchie régnait dans la colonie », vite, vous vous faisiez l'écho de ces nouvelles, paraissant oublier que, par anarchie, nos ennemis séculaires entendent la guerre des « noirs » contre les « blancs ». Vous parliez de menaces/de pillage, en même temps que de prodromes de peste.

Les renseignements qui vous parvenaient directement et qui ne pouvaient alors émaner que de la seule source réactionnaire vous avaient à ce point ému que, le 17 juin, dans la *Petite République*, vous annonciez que vous poseriez à ce sujet une question au ministre des colonies. Le 19 juin, à la tribune de la Chambre, alors que le citoyen Nelson venait de vous communiquer une lettre de Lagrosillière indiquant les grands travaux publics qu'il fallait accomplir pour préparer le relèvement de la Martinique et pour donner du pain à des milliers d'ouvriers sinistrés, vous négligiez ce point de vue pour faire de la réorganisation administrative de la colonie la première condition de son salut, conformément au plan des réactionnaires.

Vous vous faisiez — vous, député du prolétariat socialiste — le défenseur des desiderata contenus dans « le rapport du représentant d'un des principaux établissements de crédit de Saint-Pierre, et dans un câblogramme signé de trois chefs d'industrie et de trois principaux commerçants de Saint-Pierre »; avec ces capitalistes, vous demandiez au Ministre des Colonies « d'organiser partout la reprise du travail », bien que dans votre article de l'avant-veille, vous eussiez proclamé vous-même que le volcan était encore en éruption. Vous alliez jusqu'à prier M. Doumergue, toujours en conformité du plan réactionnaire « de ne point laisser aux influences locales le soin d'estimer les pertes et de répartir les indemnités, pour que cette opération échappât au soupçon, trop facile généralement. » Enfin, chose peut-être plus grave encore, il paraissait le 29 juin, dans la *Patrie*, un article, sous le titre : *Scandale aux Antilles*, où il était dit que « M. Crassous de Médeuil, délégué à la Martinique de la Chambre de commerce française de New-York, avait fait d'affligeantes révélations sur l'esprit sectaire qui avait présidé à la distribution des secours à Fort-de-France, que les *mulâtres radicaux et les nègres révolutionnaires* avaient eu, au détriment des blancs républicains, la plus grande partie des fonds envoyés par les Etats-Unis, etc., etc. » Dès le lendemain, loin de penser à protester contre des calomnies aussi monstrueuses et si manifestement dirigées contre les socialistes et les républicains, vous les confirmiez dans un éditorial de la *Petite République*, sous prétexte d'en rendre responsable le gouverneur intérimaire. Vous oubliiez, sans doute, que de semblables arguments se rencontrent journellement, en France, sous la plume des écrivains nationalistes, contre les démocrates du gouvernement.

Nous savons, citoyen, que pour expliquer votre conduite à la Fédération Socialiste de la Guadeloupe, vous prétendez que nous nous sommes constitués les défenseurs de M. Lhuerre qui serait, paraît-il, l'ami de Lagrosillière. Or, Lagrosillière n'a parlé à M. Lhuerre exactement que deux fois ; et à supposer qu'il fût son ami, nous ne voyons pas là ce qui pourrait faire perdre son indépendance au « Groupe socialiste des Antilles » dont aucun membre, à part Lagrosillière, ne connaît cet administrateur. Nous n'hésitons pas à déclarer que nous en voulons beaucoup à M. Lhuerre, comme au parti « réachiste » tout entier, des persécutions dont il s'est rendu coupable envers nos camarades de la Guadeloupe. Mais les socialistes de la Martinique n'ayant pas eu à se plaindre jusqu'à présent des actes administratifs de M. Lhuerre dans cette dernière colonie, et comme le gouverneur intérimaire était l'objet d'une campagne négrophobe et réactionnaire, nous aurions pu vous prier de ne point l'accabler publiquement. Cette demande n'aurait pu vous paraître excessive, à vous qui, dans l'intérêt de la défense républicaine, aviez accepté de vous taire sur le passé de l'exécrable Gallifet. Or, nous nous sommes astreints à vous prier seulement de ne point, à l'occasion de M. Lhuerre, affirmer des faits absolument faux dont l'allégation pouvait porter atteinte à l'honneur de la démocratie coloniale et même de la Fédération socialiste de la Martinique. Au reste. en admettant que votre rancune fût si aveugle à l'égard de M. Lhuerre, en était-il de même envers le directeur intérimaire de la banque, à qui vous n'aviez aucun motif d'en vouloir ? Et quelles raisons, le « cas Lhuerre » vous donnait-il d'emboîter le pas à un Crassous de Médeuil, calomniant « les nègres révolutionnaires » ? Nous pourrions, ici, multiplier les questions.

Il n'est pas étonnant qu'après avoir soutenu les capitalistes réactionnaires de la Martinique, même dans leur demande de reprise de travail, vous ayez systématiquement refusé de laisser le citoyen Lagrosillière dévoiler dans votre journal les faits scandaleux qui ont eu pour conséquence la nouvelle hécatombe du 30 août ; et qu'au Comité interfédéral ceux que vous aviez mandatés pour vous suppléer, aient fait tous leurs efforts pour empêcher que ces faits fussent portés d'une façon efficace à la connaissance du public. Le Comité interfédéral, en effet, justement ému par les révélations de Lagrosillière et par les documents qu'il fit passer sous ses yeux, avait décidé, dans sa séance plénière du mercredi 17 septembre, qu'un manifeste serait immédiatement lancé à ce sujet, et qu'une délégation irait conférer avec le Ministre des Colonies sur les différentes mesures qui doivent être prises pour sauvegarder la vie et assurer l'avenir de ce qui reste de la Martinique ouvrière. Pour lecture et adoption de ce manifeste, il tint une séance extraordinaire le vendredi 19.

Mais nous avons eu alors la grande tristesse de voir certains de vos amis, les plus proches, profitant de l'absence de plusieurs militants, faire décider par 10 voix contre 9, et en violation du vote précédemment pris, que le manifeste ne serait publié qu'après la visite au ministre. Il n'est point d'artifice de procédure ni d'expédient auxquels ils n'eurent recours pour atteindre ce résultat ; et le plus douloureux pour nous a été de constater qu'un jeune homme, ignorant de nos luttes inconscient des souffrances de nos malheureux frères des Antilles, servait d'appoint, en votre nom, et partant, au nom de la Guadeloupe ouvrière, à cette majorité de surprise, et contribuait par là à faire rejeter toutes les propositions des représentants de la Fédération socialiste de la Martinique. Ne pas publier immédiatement le manifeste qui avait surtout pour objet d'impressionner l'opinion publique, avant la visite au ministre, — équivalait à ne vouloir le publier à aucun moment. Il est évident, en effet, que lorsque le ministre des colonies aurait fait à la délégation quelques-unes de ces promesses qu'il coûte si peu aux gens du gouvernement de ne pas tenir, les partisans de la temporisation seraient venus demander au Comité interfédéral de ne pas rendre impossible l'exécution de ces promesses par la publication du manifeste. Le Comité interfédéral, indigné de ces procédés, maintint, dans sa séance du mercredi 24 décembre, son vote si net et si catégorique du mercredi précédent. Mais, par un nouvel artifice de procédure, vos amis firent décider que la visite au ministre n'aurait pas lieu ; et votre journal, après six jours de *temporisation calculée*, profita de la mort du grand Zola pour publier ce manifeste ; encore, pour qu'il passât le plus complètement inaperçu, prit-on soin de le placer à la 3e page, avec beaucoup de précautions typographiques.

Nous aurons fini de vous exposer nos griefs, citoyen, quand nous aurons ajouté qu'il a été bien pénible aux membres du Groupe socialiste des Antilles de rencontrer à plusieurs reprises des réactionnaires des Antilles dans les bureaux de la *Petite République* et d'apprendre que vous aviez présenté et recommandé au ministère des colonies ces ennemis si dangereux de la classe ouvrière que sont les Couturier, les Pichevin, les Delagarde, maire de Saint-Claude, les Clerc, etc., etc. D'aucuns prétendent même qu'après avoir fait placer, à la tête du service de santé de la Guyane, M. Garnier, réactionnaire avéré, allié à une famille plus réactionnaire encore de la Martinique, vous avez fait nommer au poste de receveur de l'enregistrement, à Cayenne, M. Clarac, beau-frère de M. Garnier. Pourtant quelques-uns d'entre nous avaient recommandé à votre secrétaire, pour ce poste, un de nos camarades socialistes de la Martinique, sinistré comme M. Clarac, mais ayant plus de titres que lui.

Nous n'insistons pas toutefois sur ce dernier fait, n'ayant jamais considéré que vous aviez l'obligation de faire accorder des places et des prébendes à nos compatriotes socialistes.

Mais permettez-nous de nous étonner qu'il y ait une telle contradiction entre votre politique métropolitaine et votre politique coloniale. Il n'est pas difficile, pourtant, à qui s'exerce à la critique socialiste, de distinguer les partis politiques aux Antilles. Chez nous, comme en France, il y a des couches sociales superposées. Les classes de la société coloniale ne se distinguent de celles des sociétés européennes qu'en ce qu'elles sont de nuances épidermiques diverses. Les privilégiés en profitent pour créer des équivoques. Nous nous sommes naguère élevés contre les calomnies des possédants de la demi-bourgoisie de couleur et de la grande bourgeoisie blanche de la Guadeloupe, quand, tous à la fois, ils accusèrent le prolétariat noir de s'organiser en parti de race et non de classe. A la Martinique, où il y a eu moins de rapprochement entre les deux classes possédantes, la grande bourgeoisie capitaliste et réactionnaire est heureuse d'englober les demi-bourgeois de couleur et le prolétariat noir dans la même inculpation de « blancophobie ». N'en serait-il pas de même en France, si les classes y étaient colorées comme aux Antilles? Mais nous devons dissiper le malentendu créé à la fois contre la demi-bourgeoisie et le prolétariat de la Martinique, comme nous avons dissipé le malentendu créé contre le prolétariat de la Guadeloupe. Cette demi-bourgeoisie a des défauts qu'on ne nous reprochera pas d'avoir cachés, ni même de n'avoir pas combattus. Mais elle n'a pas plus de préjugé de race à l'égard de la grande bourgeoisie capitaliste blanche qu'à l'égard du prolétariat noir. Envers ce dernier, elle a un préjugé de classe que seule l'ignorance populaire ne distingue pas du préjugé ethnique. Elle marque les distances aussi bien à l'ouvrier de couleur qu'à l'ouvrier noir; et il suffit qu'un noir se soit élevé à ce qu'elle appelle son niveau, pour qu'immédiatement elle lui ouvre ses rangs.

D'autre part, d'elle à la grande bourgeoisie réactionnaire, il n'y a qu'un conflit politique et économique. Aussi tous les blancs républicains, métropolitains ou créoles, qui ont voulu mener la lutte sociale avec elle, ont non seulement gagné sa confiance mais recueilli ses suffrages. Quel intérêt d'ailleurs les noirs et les hommes de couleur auraient-ils à entretenir un préjugé à l'égard du « blanc » en tant que blanc (1). Ils sont

(1) Les noirs et les hommes de couleur sont si peu animés d'un préjugé ethnique, à l'égard du « blanc » que le parti réactionnaire dont les dirigeants sont des blancs, est composé, en majorité, de noirs et d'hommes de couleur qui ne se distinguent des autres qu'en ce qu'ils sont asservis au capitalisme rétrograde par la corruption ou par la terreur. Ce sont ces noirs et ces hommes de couleur qui, en 1898, ont élu députés de la Martinique, M. Duquesnay, homme de couleur réactionnaire et M. Denis Guibert, métropolitain, également réactionnaire, qui a eu un nombre très considérable de suffrages, sans avoir jamais mis les pieds à la Martinique, et sur la seule recommandation de M. Fernand Clerc, usinier, blanc réactionnaire et de M. Hurard, homme de couleur, ex-député républicain, devenu, par dépit, le serviteur zélé de la Réaction.

Le journal actuel du capitalisme usinier, la *Colonie*, est dirigé par un noir.

M. Lagarrigue de Survilliers, dont le cousin vient de se déclarer nettement clérical et royaliste dans une lettre adressée à *L'Opinion*, organe des républicains, MM. Clerc, Despointes et tous les autres conseillers généraux réactionnaires sont les élus de noirs et d'hommes de couleur.

D'autre part, le parti républicain de la Martinique, avait été représenté au Sénat, avant l'élection de M. Knight, par MM. Des Mazes, Michaux, Allègre, tous trois métropolitains. Aux deux premiers la Réaction locale avait, à plusieurs reprises, opposé M. de Larenty, royaliste, et au dernier elle avait essayé de substituer M. Duquesnay, déjà nommé. Aux élections législatives de 1848, elle avait opposé à Schœlcher, métropolitain, émancipateur de la race noire et à Porry-Papy, homme de couleur, républicain, M. Pécoul. blanc réactionnaire et M. Bissette, homme de couleur, réactionnaire, De 1870, à nos jours, le parti républicain de la Martinique, à compté dans ses rangs — et aux premières places — des blancs créoles comme MM. Numa Martineau, Oscar Dupuis, Comairas, De Thoré, Henri Audemar, etc., qui ont été maires de Saint-Pierre, ou de Fort-de-France, conseillers généraux, voire présidents du Conseil général.

M. Audemar, notamment, a eu le grand honneur quand il était candidat à la Présidence du Conseil général, de voir se grouper contre lui tous les réactionnaires — sans distinction d'épidermes — qui siégeaient dans cette assemblée, et de réunir, au contraire, les suffrages de tous les républicains.

De 1848 jusqu'en ces derniers temps, les réactionnaires ont accusé tous les républicains — y compris Schœlcher et les démo-

une minorité dans la nation française, qui est composée de blancs ; et leur sort, leur avenir dépend de la France. Seule la grande bourgeoisie capitaliste des Antilles peut être légitimement accusée de nourrir des haines de race à l'égard des autres classes de la société coloniale. Outre qu'elle ne cache pas ses haines, que ses cercles et ses milieux intimes sont absolument fermés aux noirs et aux mulâtres, elle a intérêt à tenter de justifier ses privilèges par nous ne savons quelle supériorité ethnique ; et elle essaie tantôt en exhalant franchement son mépris de la race noire, tantôt en se représentant comme victime d'un préjugé de celle-ci, de tromper la majorité de la nation pour arrêter l'essor de la démocratie politique et économique aux Antilles. C'est l'odieux préjugé dont elle est animée à l'égard des hommes de couleur et des noirs, autant que son esprit rétrograde, qui explique que les capitalistes de couleur s'appuient sur les demi-bourgeois et sur le prolétariat, au lieu de se rapprocher d'elle.

---

crates de race blanche, — de vouloir « *substituer* » aux « blancs » les noirs et les hommes de couleur.

Aujourd'hui il n'y a de changé que le mot : la chose demeure. Les républicains sont accusés « *d'évictionnisme.* » Ainsi M. Vacher, métropolitain, procureur général, coupable d'avoir, à l'ouverture de l'année judiciaire, prononcé un discours républicain, est un « *évictionniste* ».

Les réactionnaires n'ont eu garde de systématiser souvent leurs doctrines. Mais, un des leurs, M. Souques-Basiège, a essayé de parler en leur nom, dans un ouvrage intitulé : « *Le préjugé de race aux Antilles* ». Ce livre est précieux. On y voit qu'en accusant les républicains de vouloir *substituer* aux blancs les noirs et les hommes de couleur, l'auteur s'oublie à leur reprocher d'avoir insulté aux croyances les plus nobles des « blancs » par l'établissement de l'enseignement laïc, par l'extension, aux Antilles, des institutions libérales de la Métropole, et d'avoir poussé l'infamie jusqu'à faire adopter à nos concitoyens le vocabulaire « démagogique » de la France républicaine.

Les réactionnaires coloniaux veulent bien se dire républicains, mais pour dominer les républicains avec leurs préjugés, leurs croyances et leur mentalité propre. Ils sont démocrates à la manière du Pape et de M. de Mun.

Autre trait de caractère de la Réaction coloniale : elle a toujours tenté d'exploiter contre les « nègres » et les « mulâtres » toutes les calamités publiques. *La polémique coloniale* de Schælcher prouve qu'aux Antilles, plus que partout ailleurs, l'histoire est un éternel recommencement.

Du reste, la grande bourgeoisie capitaliste réactionnaire est seule en conflit direct avec le prolétariat. Composée d'usiniers et de grands propriétaires terriens, elle va jusqu'à faire fusiller les ouvriers et les paysans, comme au François, pour sauvegarder ses privilèges. La demi-bourgeoisie est, au contraire, formée presqu'exclusivement de médecins, d'avocats, de commerçants, de hauts fonctionnaires.

Lorsque, par conséquent, le Parti socialiste est acculé à la nécessité de contracter des alliances électorales, il ne peut pour des raisons sociales et politiques, que se rapprocher de la demi-bourgeoisie républicaine. Cette obligation s'est imposée aux socialistes de la Guadeloupe, jusqu'à ce que la déloyauté et la mauvaise foi de M. Gerville-Réache les eussent forcés à cesser avec lui toutes relations politiques. Vous savez avec quelle vigueur nous avons flétri ce nationaliste qui, pour faire échec à la Fédération socialiste de la Guadeloupe, s'allia, aux élections cantonales dernières, au Parti de M. Souques. Mais comment pourrions-nous sérieusement combattre M. Gerville-Réache, si nous l'imitions ? M. Clerc est le Souques de la Martinique ; et s'allier à l'un ou à l'autre, équivaudrait pour le Parti socialiste à s'allier à M. Rességuier, à Carmaux.

Telles sont, citoyen, les explications que nous vous devions. Nous espérons que,quelle que soit sa longueur, cette lettre arrêtera votre attention. Vous pouvez encore jouer un beau rôle aux Antilles, si vous voulez le comprendre. Vous n'avez pour cela qu'à suivre aux colonies la politique que vous suivez dans la métropole. En défendant par les moyens puissants dont vous disposez dans la presse et dans le Parlement, ce prolétariat noir si accablé et si meurtri, en affirmant ses droits contre tous ses exploiteurs, sans rien négliger pour ne jamais favoriser les menées de ses pires ennemis, vous prendrez dans l'histoire coloniale une grande place.

Nous espérons qu'il en sera ainsi et qu'en nous adressant une prompte réponse, vous voudrez bien nous apprendre que cette dernière démarche que nous tentons après de vous n'aura pas été vaine.

Veuillez croire, malgré tout, citoyen, à nos meilleurs sentiments de fraternité socialiste.

Ont signé :

Lucas, P. Sullier, Th. Josse, René Arot, J. Lagrosillière, L. Dugofort, Em. Passant, Eugène Adotte, Th. Nelson.

Absents : Elie May, Arsène Audran.

Pour copie conforme et par ordre :

Pour le Secrétaire,
EUGÈNE ADOTTE.

Paris, le 9 octobre 1902.

III

PIÈCES CONVAINCANTES

Le vendredi 2 mai 1902, le journal *Les Colonies*, organe de M. Clerc et de la réaction capitaliste de la Martinique, publiait ce qui suit : (1)

---

(1) Le journal *Les Colonies* portait en même temps et au-dessous même des dépêches reproduites plus loin l'avis suivant.

ÉLECTIONS LÉGISLATIVES

2e tour de scrutin. — Dimanche 11 mai

ALLIANCE RÉPUBLICAINE DÉMOCRATIQUE

Parti progressiste Martiniquais

Arrondissement du Nord
Fernand CLERC
CANDIDAT

Arrondissement du Sud
O. DUQUESNAY
CANDIDAT

Dépêches de M. GÉRAULT-RICHARD (1)
Député socialiste de la Guadeloupe

Il a été dit hier à la Fédération socialiste révolutionnaire que l'on n'avait pas reçu de dépêche de M. Gérault-Richard.

Voici la dépêche adressée par M. Gérault-Richard à M. Fernand Clerc, le 29 avril :

Fernand Clerc, Martinique.

Je câble à Lagrosillière, dites-lui de vous communiquer ma dépêche. *Gérault-Richard.*

Voici le texte de la dépêche adressée le même jour à M. Joseph Lagrosillière :

M. Lagrosillière, Martinique.

Après intervention active de M. Clerc en ma faveur, je serais heureux que vous aidiez à son succès.
Je suis certain que son attitude à la Chambre nous serait moins hostile que celle de M. Perein.

Gérault-Richard.

A ce dernier câblogramme, le citoyen Lagrosillière répondit par ces mots : « *Clerc vous trompe.* »

Le 2 mai, le citoyen René Arot, membre du Groupe socialiste des Antilles, adressait au citoyen Gérault-Richard la lettre suivante :

Versailles, le 2 mai 1902.

Cher Camarade,

Depuis plusieurs jours je lis tous les matins, dans la *Petite République*, que les socialistes doivent faire l'union, le 11 mai prochain, sur le nom du républicain le plus favorisé contre le nationaliste ou le réactionnaire.

J'approuve sans réserve une telle attitude et je trouve que vous mettez à la recommander autant de raison que d'éloquence.

(1) Voir la reproduction de ce document, paru dans les *Colonies*, aux *Annexes* de cette brochure.

Aussi ne suis-je pas peu surpris d'apprendre que vous voulez faire une exception à la règle, au détriment de l'intérêt républicain à la Martinique, et que par une erreur de déduction vraiment regrettable, pour peu que vous y persistiez, vous entendez faire patronner par les socialistes de la Martinique, contre M. Percin, candidat désigné des comités radicaux, M. Clerc, nationaliste, que les réactionnaires ont substitué à Denis Guibert, devenu impossible.

Loin de moi la pensée de mettre en doute — fut-ce un instant — votre bonne foi, mon cher camarade. Aussi, d'accord avec Nelson, d'accord avec notre cher Lagrosillière, qui vous a câblé le mot de la situation, je vous dis : « Clerc vous trompe. »

D'ailleurs, laissez-moi vous dire qu'en cette affaire, vous rencontrerez contre la thèse que vous défendez, aussi bien à la Martinique qu'ici, autour de vous, la même inflexible résistance, parce que nous connaissons l'homme (Clerc) et que nous connaissons la situation.

Soyez-en persuadé, M. Clerc, qui est bien connu chez nous comme réactionnaire — s'il ne l'est pas à la Guadeloupe — essaiera de vous diminuer aux yeux des républicains et des socialistes en publiant vos relations avec lui. Je vous le dis en vérité : C'est nous vos amis véritables ; ce sont les socialistes que vous connaissez des Antilles ; — ce n'est pas M. Clerc.

En tous cas, nous sommes décidés à ne pas laisser croire un seul instant, là bas, que nous raisonnons avec le devoir républicain qu'ici même les Directeurs de la *Petite République* préconisent et proclament avec autant de force.

C'est avec le plus absolu désintéressement que je vous parle, cher camarade ; j'ajouterai en toute sympathie et amitié — et croyez-moi votre très sincèrement dévoué.

Signé : René Arot.

A la même date qu'il recevait la lettre de notre camarade René Arot, le citoyen Gérault-Richard envoyait à Lagrosillière un câblogramme que nous reproduisons tel qu'il a été publié par le journal *Les Colonies* :

Câblogramme de M. GÉRAULT-RICHARD (1)

Nous avons dit que M. Gérault-Richard, le député socialiste de la Guadeloupe, avait adressé à M. Lagrosillière une dépêche encore plus pressante que la première en faveur de M. Clerc, et que M. Lagrosillière, tout en annonçant à notre ami l'arrivée de cette dépêche, déclarait qu'il ne pouvait la lui communiquer.

M. Lagrosillière ajoutait qu'il allait la remettre au comité socialiste et que celui-ci resterait libre de faire ou non cette communication.

C'était un refus en règle. Le comité d'ailleurs n'a pas donné signe de vie à l'intéressé ; M. Lagrosillière ne l'a même pas convoqué !!

M. Clerc câbla à M. Gérault-Richard pour lui demander le texte de ce document pour lequel il avait déjà reçu de l'auteur l'autorisation d'affichage.

Le voici intégralement :

« Pendant que presse soutenant Percin provoquait vos protestations en me combattant par jésuitiques calomnies, Clerc, m'appuyant ouvertement, brisait bloc réactionnaire Guadeloupe. Ai engagement Clerc suivre politique franchement démocratique et aider pour relèvement de nos frères. Soyez certain que, après élections clan Percin, voyant dans parti socialiste danger immédiat, fera avec Gerville, Cicéron bloc contre moi. Seul contre tous que pourrai-je? Supplie réfléchir (2). *Gérault-Richard.*

Le 3 mai, Lagrosillière répliquait par ces mots :

Socialistes refusent voter pour Clerc. Clerc chef réaction capitaliste Martinique soutient Duquesnay. Vous oubliez campagne réactionnaire fusillade François et incendies Guadeloupe. Regrette que vous m'ayez pas mis au courant

---

(1) Voir la reproduction de ce document aux *Annexes* de cette brochure.

(2) Le texte de la dépêche reçue par Lagrossillière portait de plus ces mots : « communiquez Clerc ».

vos relations avec Clerc. Malgré mon refus communiquer à Clerc vos câblogrammes, Journal Les Colonies *les publie et vous compromet. Fédération a engagement sénateur Knight que élus radicaux interviendront pas dans affaires Guadeloupe. Ai plus confiance en parole Knight républicain qu'en engagement Clerc réactionnaire.*

Le même jour, le sénateur Knight câblait au citoyen Gérault-Richard ce qui suit :

Prends engagement que Parti radical martiniquais interviendra pas contre votre Parti Guadeloupe.

A cette même date du 3 mai, le journal réactionnaire *Les Colonies* publiait un article dont nous détachons ce passage :

« *Nous devons rappeler un incident qui s'est produit à la Pointe-à-Pitre. M. Gérault-Richard avait, dans une conférence faite dès son arrivée à la Guadeloupe, exhorté les ouvriers à ne pas voir immanquablement dans le capitaliste un ennemi. Il faisait ressortir quel intérêt il y a, pour l'avenir, pour le travailleur, à contribuer au développement de l'industrie qui lui assure le pain de chaque jour, le fait vivre, lui et sa famille.*

Beaucoup de nos frères d'ici, a-t-il ajouté, se plaignent des capitalistes de la colonie. Je ne suis pas ici depuis assez longtemps pour me rendre compte si leurs griefs sont fondés ; mais je puis affirmer qu'il vient d'arriver à la Guadeloupe un usinier qui apportera avec lui l'esprit libéral qu'il montrait dans la colonie-sœur. Une ère nouvelle s'ouvrira certainement pour les ouvriers et les cultivateurs, car l'exemple qu'il donne et donnera sera suivi, et l'on verra bien des usiniers entrer dans la même voie. Dût sa modestie en souffrir, je le nomme et le désigne, c'est M. Clerc, que j'aperçois dans cette salle.

C'est par des transports d'enthousiasme que le nom de notre ami fut accueilli....

M. J. Lagrosillière a annoncé (?) hier à M. Clerc qu'il a reçu de M. Gérault-Richard une dépêche plus explicite que la première en faveur de notre candidat. Cette dernière com-

munication de M. Gérault-Richard à M. Lagrosillère, nous ne pouvons l'afficher. Le nouvel allié de M. Percin a refusé d'en communiquer le texte à M. Clerc en lui disant que le Comité à qui il va le remettre en fera la communication, s'il le juge convenable.

M. Lagrosillière veut évidemment gagner du temps. Pourquoi ne fait-il pas de plein gré une communication réclamée par l'auteur même de ces dépêches? Au surplus, Paris n'est pas loin. Lundi ou mardi, n'en déplaise à MM. Lagrosillière-Percin, nous aurons le texte de la dépêche en question.

En effet, dans son numéro du 5 mai, l'organe de la réaction reproduisait cette dépêche en gros caractères, comme on l'a vu plus haut.

Dans le même numéro du 5 mai, le journal *Les Colonies* publiait un article dont voici les principaux passages :

« *M. Clerc est absolument fixé aujourd'hui sur cette espèce de socialisme nationaliste qui fleurit à la Martinique et dont les chefs savent se retrancher si opportunément derriere la question ethnique (??) M. Gérault-Richard savait déjà quel genre de socialisme on fait aux Antilles. Attaqué lui-même par M. Gerville-Réache et par M. Percin comme M. Lagrosillière l'a été par M. Knight, il a pensé que M. Clerc serait pour lui d'un concours puissant ; les usiniers, M. Clerc en tête, ont préféré aller au candidat du prolétariat qu'à cette bourgeoisie hybride, sorte d'aristocratie jaune qui asseoit tout son prestige, toute sa prédominance sur une perpétuelle guerre de races.*

Le 6 mai le *groupe socialiste des Antilles*, pour bien montrer au citoyen Lagrosillière qu'il était d'accord avec lui, adressa à notre camarade le câblogramme suivant :

« *Dans intérêt République et socialisme, groupe soutient Percin.* »

***

Campagne du citoyen Gérault-Richard pour la Réaction capitaliste

Le 19 mai le citoyen Gérault-Richard écrivait dans la *Petite République !*

Le dernier télégramme par lequel Lhuerre confesse avec candeur qu'il s'est décidé avant-hier seulement, c'est-à-dire huit jours après la catastrophe, à se rendre à St-Pierre, l'incohérence et la futilité des renseignements fournis par lui ; D'AUTRE PART, LES NOUVELLES ALARMANTES COMMUNIQUÉES PAR LA PRESSE AMÉRICAINE ET ANGLAISE SUR L'ÉTAT ANARCHIQUE DE L'ILE, montrent assez l'insuffisance de ce fonctionnaire, appelé si soudainement à faire face à des exigences presque surhumaines.

Le 20 mai il disait :

Les nouvelles les plus contradictoires circulent. Les uns disent que tout va de mal en pis. Les autres sont inspirés au contraire d'un optimisme exagéré.

Ce qui paraît certain, c'est que la famine, la peste et le pillage demeurent toujours menaçants.

Le 19 juin, à la tribune de la Chambre, le citoyen Gérault-Richard disait entre autres choses :

Dans un rapport adressé à son Directeur, le correspondant d'un des principaux établissements de crédit de Saint-Pierre, dit notamment : « Beaucoup veulent se remettre au travail et reprendre leurs affaires. »

Le rapport ajoute qu'il faudrait en outre une intervention hardie des pouvoirs publics.

L'administration locale, porte-t-il encore, ne semble pas avoir compris exactement la véritable situation du pays. La seule mesure adoptée au point de vue économique a été la reconstitution de la banque dans des conditions qui n'offrent aucune garantie sérieuse, un fonctionnaire ayant été placé à sa tête.

Je vous demande pardon de vous lire des extraits de

correspondance, mais je veux surtout apporter ici des témoignages des intéressés. (Lisez) :

Un câblogramme parti de Fort-de-France le 17 précise, dans sa concision, les renseignements fournis par le rapport dont je viens de vous lire un assez long extrait.

Ce câblogramme indique que la situation s'est améliorée et insiste sur la nécessité d'organiser partout la reprise du travail. *Il dit aussi que l'industrie et le commerce sont paralysés par l'insuffisance de l'administration.*

Ce câblogramme porte la signature de quatre chefs d'industrie et de trois des principaux commerçants de Saint-Pierre, dont deux sont partis de France à la nouvelle du sinistre pour relever les ruines de leurs succursales.

. . . .

Il faut, je crois, que M. le ministre s'inspire exclusivement des intérêts de nos malheureux compatriotes ; il faut donc tout d'abord qu'il donne un successeur à M. Mouttet ; qu'il appelle à la direction de la banque un homme du métier. On y a nommé, en attendant mieux, le chef des secrétariats généraux du gouvernement de la Martinique ; c'est un fonctionnaire évidemment très bien intentionné, mais qui ne possède pas les qualités suffisantes, ni les connaissances nécessaires pour mener à bien la tâche qui lui est confiée.

M. le ministre fera bien aussi, je crois, de nommer d'urgence, dès maintenant, une commission qui s'occuperait de rechercher les moyens pratiques de remettre en état la situation économique de notre colonie.

Et, comme pour se mettre d'accord avec M. Francis Mury, de la *Revue Bleue,* le citoyen Gérault-Richard ajoutait :

Et si je me permettais de donner un conseil, je prierais M. le Ministre de ne point laisser aux seules influences locales le soin d'estimer les pertes et de répartir les indemnités. Pour que cette opération échappe au soupçon, trop facile généralement, il faut que le contrôle en soit fait par la métropole elle-même.

Le 29 juin paraissait dans la *Patrie* l'article qu'on a

pu lire dans la première partie de l'exposé que, dans la brochure : *La Question de la Martinique*, le citoyen Lagrosillière fait des événements de la colonie.

Le 30 juin, dans la *Petite République*, le citoyen Gérault-Richard publiait un article des plus tendancieux même dans sa forme dubitative :

« *Quoi de vrai ?* » demandait le député de la Guadeloupe.

La presse de New-York se fait l'écho de révélations scandaleuses sur la répartition des secours en argent et en vivres aux sinistrés de la Martinique. Le gouverneur par intérim serait accusé d'avoir tenu compte, non pas des besoins, mais des sympathies politiques de ceux à qui il avait le devoir de venir en aide (1).

Le délégué de la Chambre française, M. de Médeuil, qui revient du théâtre de la catastrophe, prétend que l'incurie de M. Lhuerre a causé la mort de nombreux habitants de Saint-Pierre et des environs qui, ayant échappé à l'asphyxie, restèrent deux jours sur le rivage attendant qu'on vînt les sauver.

Cette accusation est d'une telle gravité que nous ne l'accueillons qu'avec une très grande méfiance. Nous rappelons cependant que M. Lhuerre ne s'est rendu dans la région sinistrée où l'appelait la plus élémentaire humanité, que le 15 ou 16 mai, sept ou huit jours après l'éruption du 8.

Mêlant ensuite très habilement les calomnies de la réaction martiniquaise aux griefs de la Fédération socialiste de la Guadeloupe, le citoyen Gérault-Richard ajoutait :

Que M. Lhuerre se soit fait, en cette circonstance, l'agent d'influences politiques, plutôt que le représentant de la mère-patrie, nous n'en serions que médiocrement étonné. Etant

(1) Nous rappelons que le Gouverneur par intérim était accusé d'avoir favorisé les mulâtres radicaux et les nègres révolutionnaires.

secrétaire général à la Guadeloupe, il s'est livré aux pires abus de pouvoir, d'une brutalité et d'un cynisme dont il serait difficile à des métropolitains de se faire une idée. Nos camarades socialistes gardent son souvenir exécré. D'une intelligence bornée, d'une ignorance crasse, il ne vaut que pour les besognes auxquelles se refuseraient des fonctionnaires capables de tenir avec honneur un emploi.

C'est une créature de M. Gerville-Réache, qui a peuplé l'administration de la Guadeloupe de gens tarés, sans conscience et sans valeur professionnelle, mais décidés à tout pour sauver la situation de leur patron et la leur propre. Nous reviendrons là-dessus en temps opportun.

Pour ce qui concerne la Martinique, nous attendons que les délégués de la Chambre de commerce française de New-York aient précisé leurs accusations. Nous verrons alors si nous devons les accueillir. Ce que nous pouvons dire dès maintenant, c'est que certains éloges aussi injustifiés que bruyants de M. Lhuerre ne furent pas précisément désintéressés : « Passe-moi la rhubarbe, je te passerai le séné », dit le proverbe.

IV

L'OPINION A LA MARTINIQUE

Nous pourrions reproduire ici, si nous ne craignions d'allonger d'une façon excessive ce procès-verbal, déjà si long, des extraits de lettres de nos camarades de la Martinique. Citons toutefois un passage d'une lettre, en date du 25 septembre, du secrétaire adjoint de la Fédération :

« *Je constate, écrit notre camarade, que les articles de Gérault-Richard, quand il lui arrive de parler de la Martinique, sont ou bien incomplets ou bien absolument inexacts. D'autre part, Gérault-Richard fait résonner la note* « *populations victimes* », « *travailleurs dans le dénuement, etc.,* » *seulement pour s'en servir comme d'une arme contre ses adversaires; mais il ne parle pas de ces populations pour elles-mêmes. Il n'a indiqué jusqu'à présent aucune solution complète pour les tirer de la solution ultra-critique où elles se trouvent.*

Il résulte de tout ceci que Gérault-Richard m'a l'air de faire beaucoup de politique et peu de socialisme. Si encore toute cette diplomatie de vieux routier parlementaire donnait des résultats décisifs et favorables à la cause du socialisme ou du républicanisme colonial, on pourrait l'admettre à la rigueur. Mais une énorme influence due à une excellente situation dans la presse et à un mandat électif est employée uniquement aux fins de poursuivre un fonctionnaire qui, à tout prendre, n'est ni meilleur ni pire qu'un autre, et de tresser des intrigues qui sont commentées défavorablement la plupart du temps.»

D'ailleurs la réaction martiniquaise s'applique à essayer de compromettre le socialisme en affichant son alliance avec le citoyen Gérault-Richard. Le journal *La Colonie*, organe de cette réaction, fondé par M. Clerc, depuis la catastrophe du 8 mai, traitait dernièrement le député de la Guadeloupe « d'ami politique. » Le gérant de cette feuille, nommé Confiant, ayant été condamné pour diffamation à l'égard du commandant de gendarmerie Herbay, se félicitait, dans une dépêche adressée au sous-directeur de l'usine Sainte-Marie, d'avoir pu obtenir du Gouverneur qu'il empêchât le commandant de lui notifier le jugement. Et cette dépêche se terminait par ces mots : « *Vive la République Sociale. Vive notre ami Gérault-Richard, qui a su par câble nous faire obtenir justice à laquelle nous avions droit.* »

Le citoyen Gérault-Richard a, il est vrai, dans une lettre adressée, non à la Fédération de la Martinique, à laquelle il n'a jamais fourni d'explications, mais à un ami personnel, protesté contre le titre d' « ami politique » dont le gratifiait le journal usinier. Il reconnaissait que ce journal défend tout ce qu'il attaque et attaque tout ce qu'il défend, notamment le ministère Combes ; mais le Député de la Guadeloupe ajoutait :

Les efforts que j'ai faits et que je ferai à l'avenir pour coopérer au relèvement de nos chères Antilles françaises ne s'inspirent d'aucune préoccupation de clan politique ou de personnalités. Aujourd'hui comme hier, je trouve criminel d'abaisser l'intérêt général devant les intérêts particuliers. *Mon concours est donc assuré à tous, sans distinction, qui ont en vue le salut de la malheureuse Guadeloupe et de l'infortunée Martinique.*

Etrange façon, on l'avouera, de comprendre la lutte des classes. Aussi nos correspondants socialistes sont-ils d'accord pour déclarer que la réponse du citoyen Gérault-Richard à *La Colonie* n'est qu'une équivoque de plus.

Au reste, si le citoyen Gérault-Richard a violemment combattu l'Administration de la Martiniqne tant que la réaction était intéressée à ces attaques, du moins s'est-il complètement tû, quand la Fédération de la Martinique a réuni un faisceau de renseignements accablants pour les capitalistes usiniers et pour cette même administration.

Il s'emploie même, comme on la vu, à empêcher le Parti Socialiste Français de faire tout son devoir à l'égard du prolétariat martiniquais. Et pourtant tout dernièrement le citoyen Gérault-Richard pour se rendre au désir des délégués des Chambres d'agriculture de la Guadeloupe et de la Réunion et du syndicat agricole de la Martinique, n'hésitait pas à déposer une interpellation sur les fraudes dont sont l'objet, dans les ports métropolitains et dans certains entrepôts de douanes, les rhums de ces colonies.

Cette attitude de l'élu socialiste de la Guadeloupe fait le plus grand tort au progrès de nos idées à la Martinique. Voici ce que nous dit à ce sujet un militant de Fort de France dans une lettre du 1er novembre :

« *Les attaches du citoyen Gérault-Richard avec le chef du Parti politique qui fit assassiner vingt-cinq prolétaires devant l'usine du François nous attriste profondément. Le citoyen Gérault-Richard ne se doute pas du tort qu'il fait au socialisme et aux socialistes à la Martinique par la persistance qu'il met à marcher de concert avec M. Clerc. Cette mauvaise impression ne serait détruite que s'il rompait publiquement avec cet usinier, le pire ennemi du prolétariat martiniquais. Mais elle sera grandement atténuée si nos camarades du groupe parlementaire nous témoignent toute leur sympathie, nous accordent leur sollicitude dans la détresse où nous sommes.* »

Voici, d'ailleurs, l'ordre du jour que le Comité fédéral de la Fédération a adopté dans sa séance du 30 octobre :

« *Le Comité fédéral de la Fédération socialiste de la Martinique, dans sa séance du 30 octobre 1902, après avoir pris connaissance des procès-verbaux du Comité interfédéral relatifs aux événements de la Martinique et de la lettre d'explications adressée par le groupe socialiste des Antilles au citoyen Gérault-Richard, député socialiste de la Guadeloupe;*

» *Félicite de leur action les délégués de la Fédération au Comité interfédéral et aussi les camarades du groupe socialiste des Antilles de l'initiative qu'ils ont prise.*

» *Mandate les uns et les autres pour tout ce qu'il sera urgent de faire à Paris dans l'intérêt des travailleurs de la Martinique.* »

Pour le Comité fédéral :

Le Trésorier :
F. Del.

Le Rapporteur :
G. Sainte.

Le Secrétaire :
Blain.

Certifié conforme le présent procès-verbal, lu et adopté dans la séance du 15 novembre.

Pour le groupe et par ordre :
Th. Nelson.

APPENDICE

LE CITOYEN GÉRAULT-RICHARD ET LES SOCIALISTES DE LA GUADELOUPE

Par un sentiment que tous comprendront, le groupe socialiste des Antilles, avant de communiquer à la Fédération de la Guadeloupe les documents qu'on vient de lire, a voulu attendre la réponse du citoyen Gérault-Richard à la lettre qui lui a été adressée le 9 octobre. Cette réponse n'est point venue. C'est par le courrier anglais du 12 novembre, c'est-à-dire plus d'un mois après l'expédition de la lettre à son destinataire, que nous avons fait l'envoi de ces documents au citoyen Alidor, secrétaire du Comité fédéral de la Fédération de la Guadeloupe.

Mais déjà la Fédération de la Guadeloupe, réunie en Congrès, à l'Anse Bertrand, le 30 octobre, avait cru devoir prendre un ordre du jour où nous lisons :

. . . .

Le Congrès.

Approuve entièrement la conduite du citoyen Gérault-Richard, lors de la catastrophe de la colonie-sœur et depuis, ainsi que dans le conflit soulevé dans la métropole et aux Antilles à propos de l'occupation du siège laissé vacant par la disparition tragique du Gouverneur de la Martinique, l'honorable et regretté M. Mouttet,

Et lui envoie (au citoyen Gérault-Richard) l'assurance de la plus entière fidélité du Parti dont il conserve toute la confiance.

Le Secrétaire,	*Le Président de séance,*
BON-BERTON.	H. LÉGITIMUS.

Nous faisons les militants socialistes de la Métropole juges de l'équivoque créée dans l'esprit de nos camarades de la Guadeloupe par le citoyen Gérault-Richard.

Mais heureusement l'*Emancipation*, organe de la Fédération socialiste de la Guadeloupe, dont le citoyen Gérault-Richard est l'inspirateur, s'est chargée elle-même de dissiper cette équivoque et de montrer quelle politique le député de la Guadeloupe veut faire triompher aux Antilles.

Dans l'*Emancipation* du 5 décembre 1902, sous le titre : *Mort aux parasites* :

Allons droit à notre objectif qui est l'union nécessaire des deux Guadeloupes, capitaliste et ouvrière, pour assurer le relèvement général du pays, relèvement impossible avec tout autre amalgame d'ambitions politiques outrées et d'appétits forcenés pour l'assiette au beurre.

Nous avons écrit et nous maintenons que le bonheur matériel de la Guadeloupe ne peut sortir que de l'entente des deux seules forces économiques : le Capital et le Travail.

L'*Emancipation* ne dissimule pas d'ailleurs que la grande bourgeoisie capitaliste des Antilles est réactionnaire, mais elle espère que la réconciliation politique de cette classe et du prolétariat, comme leur réconciliation économique, pourra se réaliser bientôt par le seul jeu des lois de la République bourgeoise.

En attendant, ajoute-t-elle, cette conciliation ou réconciliation politique fatale à réaliser par le progrès républicain, il faut que l'on boive et que l'on mange dans les deux camps capitaliste-réactionnaire et ouvrier-socialiste.

Quand cette réconciliation sera réalisée, ce sera le règne de la pleine et courtoise discussion sous un régime nouveau de liberté, de franchise et de sincérité entre ouvriers et patrons organisés et vivant à l'ombre tutélaire des lois nouvelles dont la République libérale entend de plus en plus couvrir tous ses enfants. Et la bonne fée du travail aura recommencé à prodiguer partout ses merveilles dans une Guadeloupe complètement et totalement émancipée et régénérée.

Ces conceptions bizarres ne procèdent pas seulement d'un mépris absolu des principes fondamentaux du socialisme, mais encore de regretables passions ethniques. La Fédération socialiste de la Guadeloupe voudrait-elle maintenant, sous la direction du citoyen Gérault-Richard, justifier l'accusation, fausse jusqu'ici, portée contre elle, de vouloir constituer un parti purement de race ? Et voudrait-elle ainsi tomber dans le piège que la réaction, durant tout le cours de notre histoire, n'a jamais laissé de tendre à la masse populaire, aux Antilles ?

Il y a à peine deux mois, M. Fernand Clerc, chef de la réaction capitaliste de la Martinique, rencontrant sur le Boulevard Montmartre les citoyens Lucas, Passant et Lagrosillière, membres de notre groupe, leur apprenait que son alliance avec le citoyen Gérault-Richard signifiait : entente des « blancs » et des « noirs » contre les « mulâtres ».

L'*Émancipation* désigne sous le vocable de parasites, *tous les hommes de couleur sans distinction de classes.* Dans son numéro du 21 novembre, après avoir nommé tous les bourgeois et les demi-bourgeois de couleur à qui elle veut s'en prendre, elle ajoute, à l'encontre des petits fonctionnaires :

« *Regardez dans le moindre de nos bureaux publics, perception, contributions, douanes, parquet, greffes, etc., vous les verrez (les parasites) installés en maîtres et faisant la loi aux* producteurs et aux ouvriers *qui sont seuls à suer et à peiner pour alimenter le budget où ils trouvent leur pitance les uns, leur fortune les autres.* »

D'autre part dans son numéro du 19 décembre,

l'*Émancipation* exprime sa joie d'avoir appris que certains « représentants de l'Usine et du Crédit Foncier non des moins marquants » ont leur entrée libre à la *Petite République*.

Signalons, en passant, que la presse capitaliste coloniale, à Paris, ne se fait point faute de tirer argument de l'alliance du citoyen Gérault-Richard et de la Réaction, pour rééditer et amplifier les équivoques chères à celle-ci.

De *La Dépêche Coloniale* du 16 janvier 1903, sous la signature de M. J. Lhéritier :

Pour avoir le sens des polémiques antillaises et des luttes politiques à la Martinique et à la Guadeloupe, c'est toujours le point de vue ethnique qu'il faut envisager. On peut le regretter ; mais il est indispensable, si l'on veut rendre hommage à la vérité pure, de le constater.

Les diverses applications en usage en France pour désigner les divers groupements politiques, socialistes, radicaux, modérés, révolutionnaires, n'ont absolument aucune espèce de sens à Fort-de-France et à la Pointe-à-Pitre.

M. Gérault-Richard, dont on ne suspectera certainement pas les opinions républicaines, est l'élu, à la Guadeloupe, des socialistes noirs qui formaient la clientèle de M. Legitimus et des usiniers dits « réactionnaires » : il est de race blanche.

De *La Dépêche Coloniale* du 12 février, sous la même signature :

M. Souques (1) a, depuis quarante ans, créé pour ainsi dire, à la Guadeloupe, l'industrie sucrière : il a dirigé dans

(1) M. Souques est le chef de la réaction capitaliste à la Guadeloupe. Jusqu'ici, les socialistes de cette colonie l'avaient combattu avec une énergie qui n'avait d'égale que la passion que ce forban usinier mettait à les faire injurier par la presse bourgeoise et à les faire condamner par les tribunaux bourgeois.

cette colonie des capitaux énormes, venus de la métropole ; il a perfectionné l'outillage économique de cette Antille qu'il aime et qu'il veut prospère. Il a été un promoteur agissant et un colon, au sens le plus noble de ce mot. Maintenant, les progrès de l'esprit démocratique se sont imposés à son esprit largement ouvert. Il comprend que la fortune de son pays aura pour condition l'union féconde du patron et du travailleur Il marche désormais la main dans la main, loyalement, avec M. Gérault-Richard et ses électeurs nègres, les anciens électeurs de M. Legitimus.

C'est cette évolution qui lui vaut les haines de ceux qui se moquent, aux Antilles, de la démocratie et de la prospérité matérielle de la Guadeloupe et de la Martinique et dont toute la politique se résout dans la recherche de la satisfaction de quelques âpres ambitions.

La même thèse a été reprise par le même écrivain, avec les arguments identiques, dans le n° du 25 février du même journal. Elle sera reprise longtemps encore ; car c'était pour en arriver à la soutenir et à la développer, que la Réaction coloniale jeta le grappin sur le citoyen Gérault-Richard.

Nous savons que les extraits de l'*Émancipation* que nous avons cités plus haut, ont été lus dernièrement au Bureau socialiste international à Bruxelles, et qu'en présence de l'indignation qu'ils provoquaient chez les socialistes étrangers, le citoyen Jaurès a déclaré que c'était là « *des procédés électoraux malhonnêtes.* »

Pour le moment ce jugement nous suffit. Nous tenons toutefois à affirmer devant le prolétariat national et international que *le socialisme du citoyen Gérault-Richard n'est pas le nôtre.* A la Martinique, particulièrement, nous continuerons, sur le terrain économique, à battre le rappel des prolétaires de toutes races contre les bourgeoisies de toutes races ; sur le terrain politique à accepter avec la fraction bourgeoise la plus avancée les coalitions électorales reconnues indispensables par notre Fédération elle-même ; et à aucun moment nous ne perdrons de vue le caractère spécifique que doit avoir le mouvement prolétarien dans tous les pays.

LE CITOYEN GÉRAULT-RICHARD DEVANT L'ACTION SOCIALISTE

Les manœuvres du citoyen Gérault-Richard ont assurément gêné les socialistes de la métropole dans leur action à l'égard du prolétariat martiniquais, et surpris la bonne foi de bon nombre. Mais malgré tout, ils n'ont point déserté leur devoir.

Non contents d'avoir lancé un manifeste sur la question si douloureuse de la Martinique, les militants du Comité Interfédéral du Parti Socialiste Français ont tenu à saisir de cette question le Groupe Socialiste Parlementaire.

Le mercredi 29 octobre les citoyens Nelson et Lagrosillière, accompagnés des camarades Orry, Renaudel et Thizon, membres du Bureau du Comité Interfédéral, ont exposé aux élus du Parti Socialiste Français la situation des travailleurs de notre colonie.

Les citoyens Jaurès et de Pressensé ont souligné par quelques paroles la gravité de cette situation ; néanmoins, le Groupe Parlementaire Socialiste, sur les instances du citoyen Gérault-Richard, a pris l'unique décision d'envoyer une délégation conférer avec M. Doumergue. Les citoyens Pastre et Fournier, députés du Gard, comme M. Doumergue, ont été désignés avec le citoyen Gérault-Richard, pour faire partie de cette délégation. Les citoyens Bouhey-Allex et de Pressensé, qui s'intéressaient d'une façon particulière à la question, bien que faisant partie de la Délégation, n'ont point été convoqués, ainsi que nous le disons plus haut, pour se rendre au ministère des Colonies.

L'entrevue des délégués avec le Ministre a eu lieu le lendemain 31 octobre.

A la suite de cette entrevue, le Groupe socialiste des Antilles a prié le Groupe parlementaire de vouloir bien autoriser ses représentants à discuter devant lui les explications de M. Doumergue. Cette demande étant restée sans réponse, le Groupe des Antilles a adressé au citoyen Devèze, secrétaire du Groupe socialiste parlementaire, la lettre que voici :

Paris, le 22 novembre 1902.

Au citoyen Devèze, secrétaire du Groupe socialiste parlementaire, Palais-Bourbon.

Citoyen,

Par lettre en date du 4 courant, je vous ai demandé, au nom du Groupe socialiste des Antilles, de vouloir bien prier le Groupe parlementaire socialiste d'entendre à nouveau les délégués de la Fédération de la Martinique, sur les explications fournies par le Ministre des Colonies à la délégation que le Groupe parlementaire avait dépêchée auprès de lui.

Cette lettre est jusqu'ici restée sans réponse.

La Fédération de la Martinique continuant à nous adresser des lettres de plus en plus alarmantes, sur la situation qui est faite aux travailleurs sinistrés par l'administration locale, le Groupe socialiste des Antilles, conscient d'avoir rempli tout son devoir dans la circonstance, ne peut que prendre acte du silence du Groupe parlementaire.

Estimant de plus que l'honneur socialiste est engagé dans cette affaire, il déclare qu'il dégage sa responsabilité des événements qui pourraient surgir à la Martinique du fait de la situation actuelle.

Je vous serai reconnaissant de porter cette lettre à la connaissance du groupe parlementaire dans sa plus prochaine séance.

Recevez, citoyen, mes fraternelles salutations.

Th. Nelson,
76, rue de Bondy — X^e^.

Le jeudi 28 novembre, les délégués du groupe socialiste des Antilles ont communiqué au *groupe socialiste révolutionnaire* de la Chambre tous les documents relatifs à la question de la Martinique. Aussitôt après cette communication, nos camarades du groupe révolutionnaire ont fait passer à la presse l'avis suivant :

Le groupe socialiste révolutionnaire *a reçu une délégation du groupe socialiste des Antilles. Cette délégation a mis le groupe au courant des faits répréhensibles et des dénis de justice qui ont marqué la répartition des secours à la Martinique tant après la première qu'après la deuxième catastrophe.*

Le groupe, vivement ému par ce récit, a décidé de prendre en main la cause du prolétariat martiniquais et d'intervenir pour la protection de son existence et le respect de ses droits.

Le citoyen Paul Constans a été désigné par le groupe révolutionnaire pour porter la question à la tribune.

Le citoyen Paul Constans a déposé immédiatement une demande d'interpellation. Le gouvernement, comme il fallait s'y attendre, a demandé que cette interpellation fût renvoyée à la suite des autres qui sont inscrites à l'ordre du jour de la Chambre.

A la rentrée de janvier, la Chambre, fixant son ordre du jour, a assigné le numéro 10 à l'interpellation Constans. Le citoyen de Pressensé a bien voulu nous faire connaître qu'il se propose, à son tour, d'intervenir dans la discussion de la question de la Martinique.

En même temps que le groupe révolutionnaire de la Chambre nous faisait un si cordial accueil, le citoyen Lagardelle nous ouvrait les colonnes du « Mouvement Socialiste » et le citoyen Vaughan celles de « l'Aurore » où le citoyen Léon Millot entreprenait une admirable campagne en faveur des victimes du capitalisme et de l'administration de la Martinique. D'autres journaux socialistes, tels que le *Combat social* de Nîmes, le *Réveil social* de Seine-et-Oise se sont aussi intéressés au sort des travailleurs de la Martinique.

La *Voix du Peuple*, organe de la *Confédération générale du Travail*, a, dans son numéro du 6 février, lancé une protestation indignée contre les scandales capitalistes et administratifs qui n'ont déjà que trop longtemps duré ; enfin les militants de la Bourse du Travail de Paris se proposent d'organiser une grande réunion, pour faire mieux entendre les protestations de la France ouvrière ; et le citoyen Charles Péguy nous a demandé pour les *Cahiers de la quinzaine* une étude sur la question de la Marnitique.

Nous espérons donc que la cause si juste et si poignante de nos frères de la Martinique triomphera malgré les mensonges et les manœuvres de M. Doumergue et de ses amis.

Nous remercions ici, au nom de la Fédération socialiste de la Martinique, les camarades qui, dans les douloureuses circonstances que nous traversons, nous prêtent un si fraternel concours.

Pour le groupe socialiste des Antilles,

Et par ordre,

TH. NELSON.

Paris, 25 février 1903.

ANNEXES

Nous croyons utile, pour mieux édifier tous ceux qui liront cette brochure, de reproduire, tels qu'ils ont été publiés par le journal progressiste *Les Colonies*, les documents cités pages 19 et 21, c'est-à-dire les télégrammes adressés par M. Gérault-Richard à M. Clerc, usinier réactionnaire, et au citoyen Lagrosillière.

N° 3055. — XXVme ANNÉE. LE NUMÉRO 10 CENTIMES. VENDREDI 2 MAI 1902

LES COLONIES

ORGANE REPUBLICAIN DE LA MARTINIQUE

PARAISSANT A SAINT-PIERRE TOUS LES JOURS, LES DIMANCHES ET JOURS FÉRIÉS EXCEPTÉS

ABONNEMENTS	M. HURARD, FONDATEUR	PUBLICITÉ
Martinique : Un An, 30 francs ; Six Mois, 16 francs ; Trois Mois, 9 francs. Extérieur : Un An, 37 francs ; Six Mois, 20 francs ; Trois Mois, 12 francs. Les Abonnements, payables d'avance, partent des 1er et 16 de chaque mois.	Bureau : RUE VICTOR-HUGO, 177 TÉLÉPHONE Adresse télégraphique COLONIES-MARTINIQUE	Réclames : 2 francs la ligne. Annonces : De 1 à 16 lignes, 5 francs ; chaque ligne en sus, 40 centimes. LES MANUSCRITS NE SONT PAS RENDUS

Dépêches de M. GÉRAULT-RICHARD, Député socialiste de la Guadeloupe.

Il a été dit, hier, à la fédération socialiste-révolutionnaire que l'on n'avait pas reçu de dépêche de M. Gérault-Richard.

Voici la dépêche adressée par M. Gérault-Richard à M. Fernand Clerc le 29 avril :

Fernand Clerc, Martinique.

« *Je câble à M. Lagrosillière, dites-lui de vous communiquer ma dépêche.*

« *GÉRAULT-RICHARD* ».

Voici le texte de la dépêche adressée le même jour a M. Joseph Lagrosillière :

M. Lagrosillière, Martinique.

« *Après intervention active de M. Clerc en ma faveur, je serais heureux que vous aidiez à son succès.*

« *Je suis certain que son attitude à la Chambre nous serait moins hostile que celle de M. Percin.*

« *GERAULT-RICHARD* ».

N° 3057. — XXVme ANNÉE. LE NUMÉRO 10 CENTIMES. LUNDI 5 MAI 1902

LES COLONIES

ORGANE REPUBLICAIN DE LA MARTINIQUE

PARAISSANT A SAINT-PIERRE TOUS LES JOURS, LES DIMANCHES ET JOURS FÉRIÉS EXCEPTÉS

ABONNEMENTS	M. HURARD, FONDATEUR	PUBLICITÉ
Martinique : Un An, 30 francs; Six Mois, 16 francs; Trois Mois, 9 francs. Extérieur : Un An, 37 francs; Six Mois, 20 francs Trois Mois, 12 francs. Les Abonnements, payables d'avance, partent des 1er et 15 de chaque mois.	Bureau : RUE VICTOR-HUGO, 177 TÉLÉPHONE Adresse télégraphique COLONIES-MARTINIQUE	Réclames : 2 francs la ligne. Annonces : De 1 à 10 lignes, 5 francs; chaque ligne en sus, 40 centimes. LES MANUSCRITS NE SONT PAS RENDUS

CABLOGRAMME DE M. GERAULT-RICHARD

Nous avons dit que M. Gérault-Richard, le député socialiste de la Guadeloupe, avait adressé à M. Lagrosillière une dépêche encore plus pressante que la première en faveur de M. Clerc, et que M. Lagrosillière, tout en annonçant à notre ami l'arrivée de cette dépêche déclarait qu'il ne pouvait la lui communiquer.

M. Lagrosillière ajoutait qu'il allait la remettre au comité socialiste et que celui-ci resterait libre de faire ou non cette communication.

C'était un refus en règle. Le comité d'ailleurs n'a pas donné signe de vie à l'intéressé; M. Lagrosillière ne l'a même pas convoqué ! !

M. Clerc câbla à M. Gérault-Richard pour lui demander le texte de ce document pour lequel il avait déjà reçu de l'auteur l'autorisation d'affichage.

Le voici intégralement :

Paris 4 mai 1902.

CLERC, Martinique.

Voici le télégramme adressé Lagrosillière :

Pendant que presse soutenant Percin provoquait vos protestations en me combattant par jésuitiques calomnies, Clerc, m'appuyant ouvertement, brisait bloc réactionnaire Guadeloupe. Ai engagement Clerc suivre politique franchement démocratique et aider pour relèvement de nos frères. Soyez certain que après élections clan Percin, voyant dans parti socialiste danger immédiat, fera avec Gerville, Cicéron bloc contre moi.

Seul contre tous que pourrais-je ?

Supplie réfléchir.

GÉRAULT-RICHARD.

TABLE DES MATIÈRES

89

www.ingramcontent.com/pod-product-compliance
Ingram Content Group UK Ltd.
Pitfield, Milton Keynes, MK11 3LW, UK
UKHW020957220726
13924UKWH00002B/749

9 782019 938420